안네 프랑크

일러두기

1 이 시리즈는 영국 Franklin Watts 출판사의 「Famous People Famous Lives」 시리즈를 기반으로 국내 창작물을 덧붙인 초등학교 저학년 대상의 인물 이야기입니다.
2 초등학교 저학년이 이해하기 힘든 사건이나 사실들은 편집부에서 설명을 덧붙였습니다.
3 사람 이름이나 지역 이름 등 외국에서 들어온 말은 국립 국어원의 외래어 표기법을 따랐습니다.

Famous People Famous Lives
ANNE FRANK
by Harriet Castor and illustrated by Helen Owen

Text Copyright ⓒ 1996 by Harriet Castor
Illustrations Copyright ⓒ 1996 by Helen Owen
All rights reserved.

Korean Translation Copyright ⓒ 2008 by BIR Publishing Co., Ltd.
Korean translation edition is published by arrangement with Franklin Watts,
a division of the Watts Publishing Group Ltd. through Imprima Korea Agency.

이 책의 한국어판 저작권은 Imprima Korea Agency를 통해 저작권사와 독점 계약한 **(주)비룡소**에 있습니다.
저작권법에 의해 한국 내에서 보호를 받는 저작물이므로 무단 전재와 무단 복제를 금합니다.

안네 프랑크

해리엇 캐스터 글 헬레나 오웬 그림 유시주 옮김

비룡소

안네 프랑크는 이야기하기를 좋아하는 똑똑한 소녀예요. 까만 곱슬머리에 방긋방긋 웃는 모습이 참 사랑스럽지요. 안네는 네덜란드 암스테르담의 한 아파트에서 아빠, 엄마, 언니 마르고트와 살았어요. 고양이도 한 마리 길렀고요.

원래 안네는 독일 프랑크푸르트에서 태어났어요. 안네 가족은 히브리어를 쓰고 유대교를 믿는 유대인이었지요.

안네가 네 살 되던 해, 독일에서 히틀러가 이끄는 나치스가 권력을 잡았어요. 나치스는 1919년에 세워진 독일의 정당인데, 독일 민족이 세상에서 가장 우수하기 때문에 다른 민족들을 지배해야 한다고 주장했어요. 반대로 유대인은 열등하고 해로운 인종이라며 몹시 미워했지요.

유대인들은 단지 유대인이라는 이유만으로 수용소에 갇히고 죽음을 당했어요. 그래서 유대인인 안네 가족은 더 이상 독일에서 살 수가 없었어요. 안네 가족은 히틀러와 나치스를 피해 네덜란드로 이사를 갔지요.

1942년 6월에 안네는 열세 번째 생일을 맞았어요. 엄마와 언니와 친구들이 생일 선물로 조각 그림 퍼즐, 브로치, 책, 사탕을 주었지요.

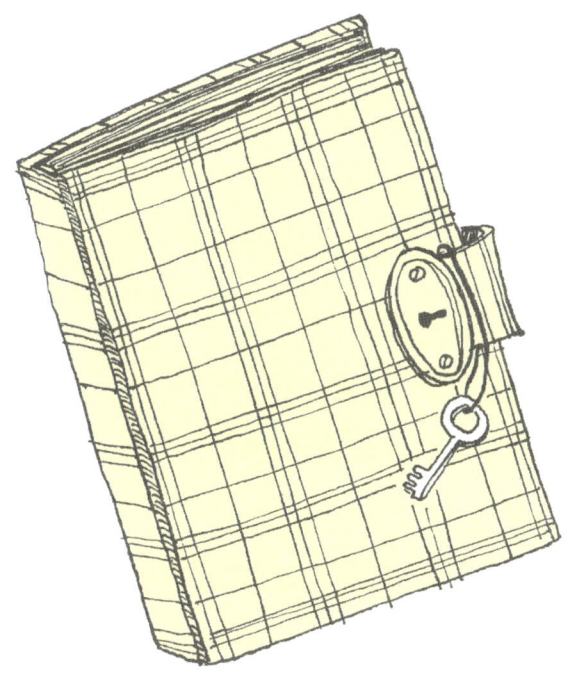

 하지만 뭐니 뭐니 해도 가장 마음에 드는 선물은 아빠가 준 일기장이었어요. 그때까지 안네는 한 번도 일기장을 가져 본 적이 없었거든요. 안네는 일기장이 너무 좋아서 펄쩍펄쩍 뛰었답니다.

안네는 일기장에 '키티'라는 이름을 붙여 주었어요. 키티는 일기장인 동시에 안네만 아는 상상 속의 친구이기도 했지요.

안네는 그날그날 겪은 일과 생각을 키티에게 편지 쓰듯 썼어요. 엄마 아빠에게 할 수 없는 말도 키티에게는 모두 털어놓을 수 있었어요. 곧 일기장에는 안네의 비밀스러운 이야기와 생각이 빼곡하게 들어찼어요.

나에게는 일기장이 가장 멋진 친구가 될 거야.

비밀을 털어놓을 수 있는 마음의 언덕이 되어 줘.

그 무렵 유럽에서는 몇 년째 전쟁이 계속되고 있었어요. 히틀러가 이끄는 독일군이 폴란드, 덴마크, 벨기에 같은 유럽의 다른 나라들을 침략했기 때문이었지요. 영국과 프랑스가 힘을 합쳐 독일에 맞서 싸웠지만, 히틀러는 전쟁을 멈추지 않았어요.

독일군은 안네가 사는 네덜란드도 공격해 점령했어요. 그리고 히틀러는 독일에서 그랬던 것처럼, 네덜란드에 사는 유대인들을 못살게 굴었어요.

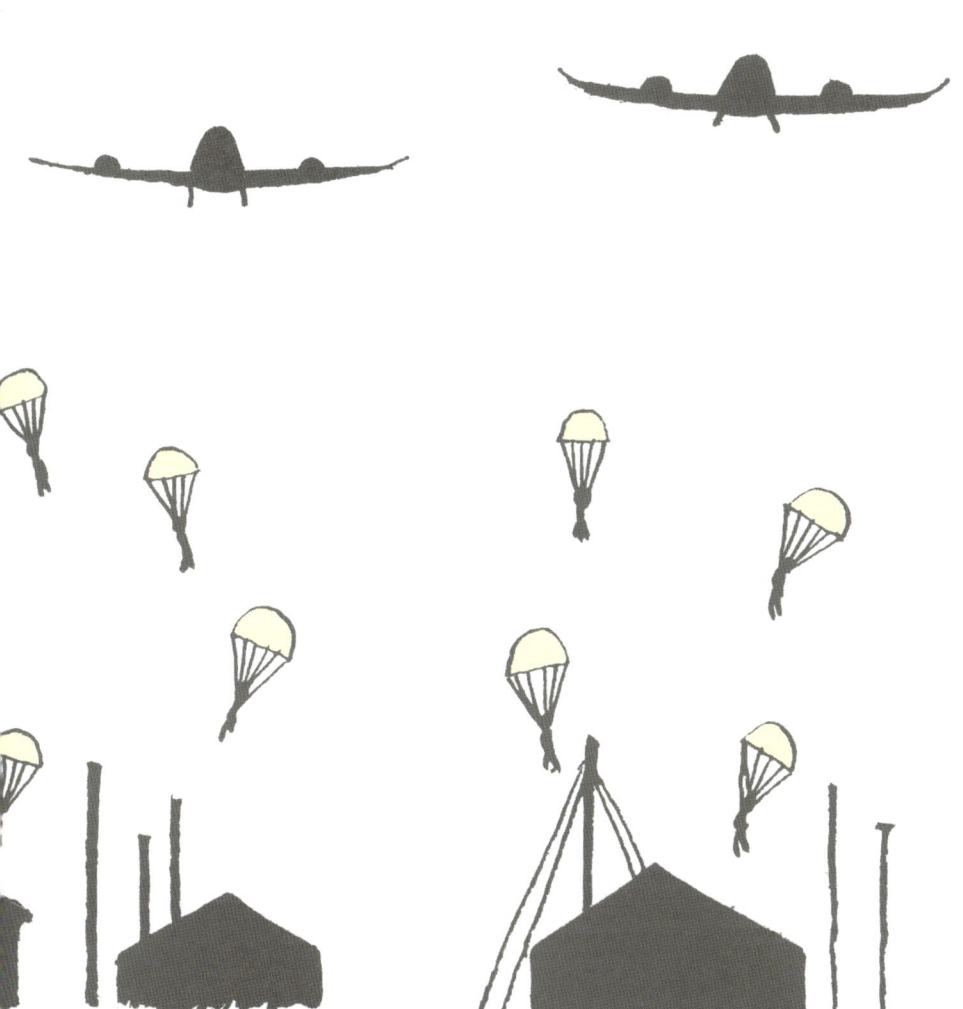

먼저 히틀러는 유대인을 차별하는 여러 가지 법을 만들었어요. 유대인들은 다른 사람들과 구별되도록 옷에 노란 별 모양 배지를 달고, 히틀러가 정한 곳에서만 살아야 했어요.

또 유대인들은 학교에 다닐 수 없었고, 직업도 가질 수 없었어요. 자전거나 자동차를 타는 것도 허락되지 않았어요. 친구와 전화도 할 수 없었고, 저녁 여덟 시가 넘으면 집 밖으로 나갈 수도 없었어요. 심지어는 자기 집 정원에 나와 앉아 있을 수도 없었지요.

그것으로도 모자라 히틀러는 유대인들을 '강제 수용소'라는 무시무시한 곳으로 보냈어요.

어느 날, 안네의 집에 편지 한 통이 도착했어요. 안네의 언니 마르고트를 노동 수용소로 데려가겠다는 나치스의 편지였어요.

안네 가족은 두려워서 어쩔 줄 몰랐어요. 일단 수용소에 들어가면 언제 풀려날지 알 수 없었거든요. 수용소에서 힘든 일과 굶주림에 시달리다 목숨을 잃는 사람도 많았어요.

안네의 부모님은 마르고트를 수용소에 보내지 않기로 결정했어요. 마르고트를 수용소에 보냈다가 무슨 일을 당할지 알 수 없었으니까요.

안네의 아빠는 히틀러와 나치스를 피해 가족 모두가 숨어 지낼 곳을 마련했어요.

집을 빠져나갈 때 커다란 여행 가방을 가져가면 나치스 당원들이 보고 의심할까 싶어, 안네 가족은 작은 가방에 꼭 필요한 물건만 나누어 담았어요.

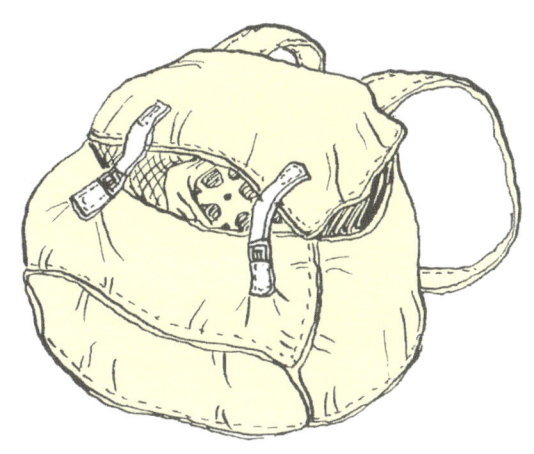

안네도 가방에 소지품을 챙겨 넣었어요. 옷은 입을 수 있는 만큼 겹겹이 껴입었어요. 안네는 먼저 팬티 세 장과 러닝셔츠 두 장을 겹쳐 입고, 그 위에 반바지 몇 장을 입은 다음 원피스를 덧입었어요. 마지막으로 치마와 재킷까지 입자 안네는 꼭 동그란 공이 된 기분이었지요.

모든 준비를 끝낸 안네 가족은 숨어 살 곳으로 갔어요. 그곳은 안네의 아빠가 운영하는 식료품 공장 창고 건물 이 층에 있었지요.

방 한쪽 구석에 있는 책장 뒤에 비밀의 문이 있었어요. 그 문 뒤에 안네 가족이 살 작은 공간이 숨겨져 있었지요. 안네는 일기장에 그곳을 '비밀 별채'라고 썼어요.

만일 나치스에게 비밀 별채를 들키면, 안네 가족은 모두 강제 수용소로 끌려가야 했어요. 그래서 안네 가족은 비밀 별채에 대해 아무에게도 말하지 않았어요.
　안네의 아빠가 믿을 만한 직원 몇 사람에게만 비밀 별채에 대해 알려 주었어요. 그들은 유대인이 아니었지만 모두 안네 가족을 돕겠다고 약속했지요.

미프 아주머니도 그중 한 명이었어요. 미프 아주머니는 안네 가족에게 먹을거리와 책 등 필요한 물건을 몰래 가져다주었을 뿐 아니라, 바깥세상 소식도 전해 주었어요.

안네는 일기에 비밀 별채에 대해 자세히 썼어요. 비밀 별채 생활은 이전의 생활과는 완전히 달랐어요.
아래층에서 식료품 공장 직원들이 일하는 낮 시간에는 특히 조심해야 했어요. 안네와 가족들은 아주 작은 목소리로 말하고, 발소리가 나지 않도록 살금살금 걸었어요. 직원들이 퇴근하기 전까지는 변기 물도 내릴 수 없었어요. 물론 세수를 하거나 양치질을 할 수도 없었지요.

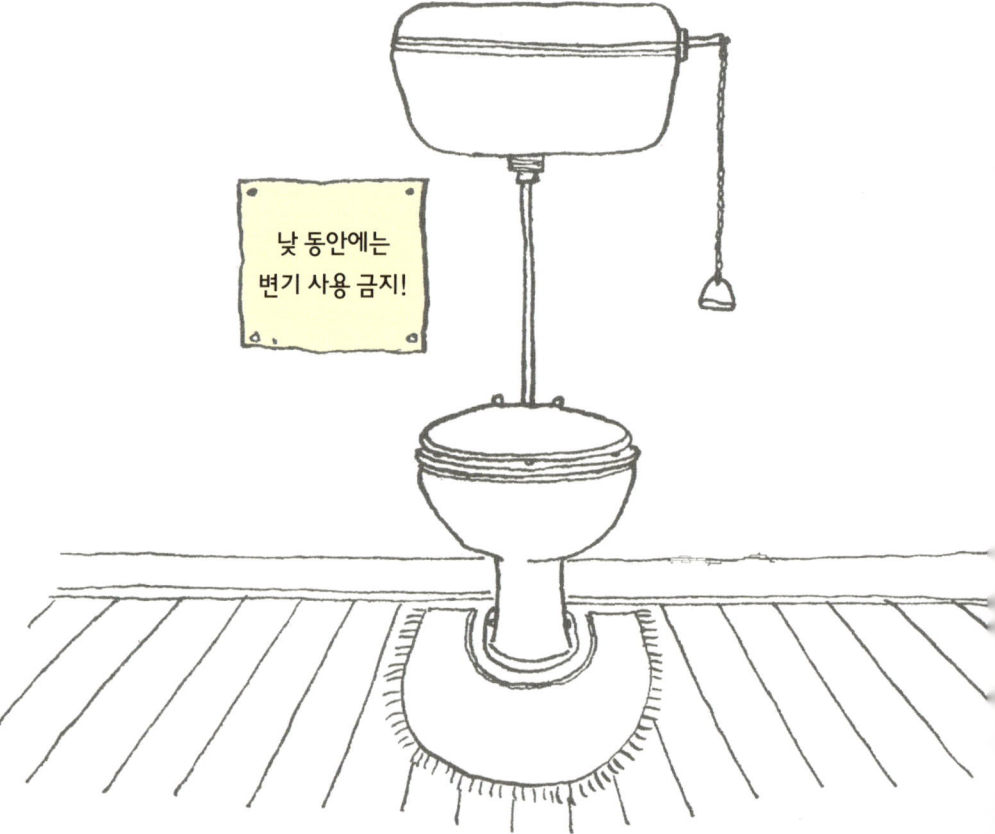

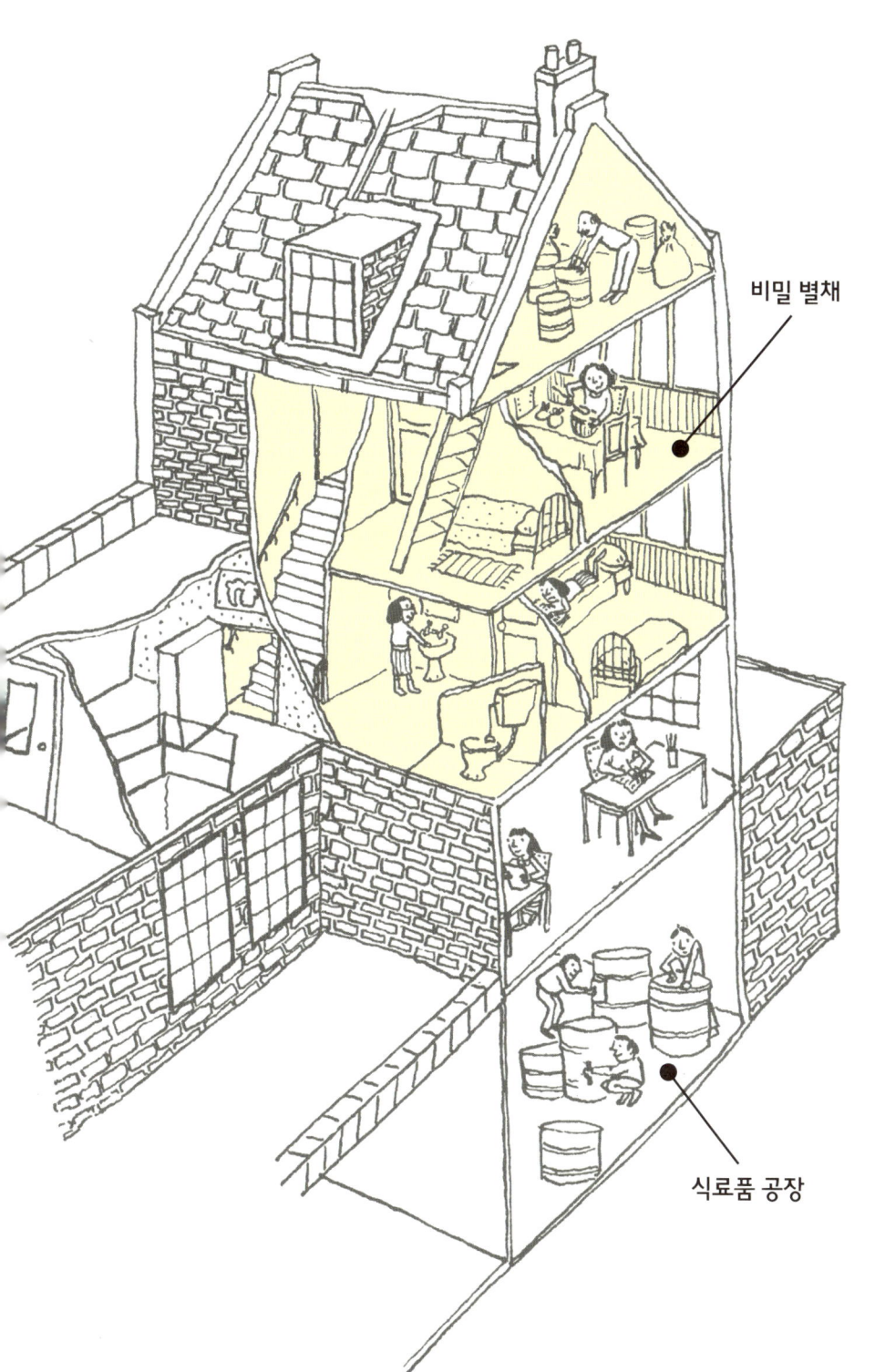

비밀 별채에서 살기 시작했을 때 안네는 겨우 열세 살이었어요. 아직 어린 안네에게 하루 종일 집 안에서만 지내야 하는 비밀 별채 생활은 너무나 힘들었지요. 안네는 다른 아이들처럼 밖에 나가서 밝은 햇빛 아래 뛰놀고 싶었어요. 하지만 비밀 별채에서는 재채기조차 마음대로 할 수 없었답니다.

다른 가족들은 이런 안네의 마음을 잘 이해하지 못했어요. 안네는 툭하면 엄마와 언니에게 꾸중을 들어야 했지요. 어떨 때는 마음을 기댈 데가 일기장인 키티밖에 없는 것 같았어요.

얼마 뒤, 또 다른 유대인 가족이 비밀 별채에 들어왔어요. 판 단 씨 부부와 아들 페터였지요. 그 후 치과 의사인 뒤셀 아저씨까지 와서, 비밀 별채의 식구는 모두 여덟 명이 되었어요.

빈방이 없어서 안네는 뒤셀 아저씨와 방을 함께 쓰게 되었어요. 안네는 그게 너무너무 싫었어요. 뒤셀 아저씨는 대수롭지 않은 일에도 잔소리를 쉴 새 없이 늘어놓았거든요. 안네는 날마다 키티에게 뒤셀 아저씨 흉을 보았답니다.

아유, 잔소리가 끝날 줄을 모른다니까.

비밀 별채 생활에 익숙해지자 안네와 마르고트와 페터는 학교에서 하던 것처럼 공부를 하기로 했어요. 안네는 곧 학교로 돌아갈 수 있을 거라고 생각했기 때문에 열심히 공부했어요. 학교로 돌아갔을 때 다른 친구들에게 뒤처지고 싶지 않았거든요.

하지만 공부하는 게 즐겁지는 않았어요. 안네는 역사는 좋아했지만, 수학은 딱 질색이었지요.

안네보다 세 살 많은 페터는 말수가 적고 수줍음을 많이 타는 소년이었어요. 그래서 처음에 안네는 페터와 노는 게 지루하다고 생각했어요.

하지만 비밀 별채에서 함께 지내는 동안 페터는 점점 안네의 특별한 친구가 되었어요. 안네는 페터에 대한 마음을 키티에게만 살짝 털어놓았답니다.

안네는 커서 작가가 되고 싶었어요. 그래서 일기뿐만 아니라 짧은 동화나 소설도 일기장에 썼어요.
안네는 언젠가 비밀 별채에서 나가 자신이 쓴 글을 책으로 펴낼 수 있기를 꿈꾸었지요.

어느덧 안네 가족이 비밀 별채에 숨어 산 지도 이 년이 지났어요. 그사이 안네는 키가 훌쩍 자라고 몸무게도 많이 늘었어요. 하지만 비밀 별채 밖으로 나갈 수가 없어서 몸에 맞는 새 옷을 구할 수 없었지요.

안네는 키티에게 투덜거렸어요.

"글쎄, 속옷이 너무 작아서 배도 가리지 못한다니까."

이 년간 비밀 별채에는 많은 일이 있었어요. 한번은 아래층 사무실에 도둑이 들기도 했지요. 안네 가족과 페터 가족, 뒤셀 아저씨는 혹시라도 도둑이 책장 뒤에 있는 비밀의 문을 알아챌까 봐 벌벌 떨었어요. 비밀의 문이 들통나면 그길로 나치스의 강제 수용소에 끌려가게 될 테니까요.

쿵쾅

다행히 도둑은 비밀의 문을 찾아내지 못했어요. 비밀 별채 식구들은 모두 가슴을 쓸어내렸지요.

덜커덕

1944년 8월, 그토록 걱정했던 일이 일어나고 말았어요. 비밀 별채에 갑자기 나치스에서 보낸 경찰들이 들이닥친 거예요. 안네는 겁에 질린 채, 아래층에서 경찰들이 지르는 고함 소리를 들었어요.

누군가가 비밀 별채의 위치를 나치스에게 알려 준 거였지요. 비밀 별채에 있던 사람들은 모두 붙잡혀 강제 수용소로 보내졌어요.

　안네와 비밀 별채 식구들이 경찰에 붙잡혀 간 뒤, 미프 아주머니가 몰래 비밀 별채에 들렀어요. 미프 아주머니는 방바닥에 아무렇게나 흩어져 있는 것이 안네의 일기와 소설인 걸 알고는 몰래 숨겨 집으로 가져갔어요.

　미프 아주머니는 안네의 일기와 소설을 책상 속에 잘 간직해 두었어요. 전쟁이 끝나고 안네가 돌아오면 언제든지 돌려줄 수 있도록 아주 소중히 다루었지요.

하지만 안네는 영영 집으로 돌아오지 못했어요. 안네는 처음에 아우슈비츠 수용소로 보내졌다가 다시 베르겐·벨젠 수용소로 옮겨졌어요. 강제 수용소에서 안네는 제대로 먹지도 입지도 못하고, 변변한 잠자리도 없이 고생하다가 끝내 죽고 말았어요.

안네뿐만이 아니었어요. 강제 수용소로 간 지 일 년도 되지 않아 안네의 언니와 엄마, 페터 가족, 뒤셀 아저씨 모두 목숨을 잃었지요.

비밀 별채 식구들 중 강제 수용소에서 살아남은 사람은 안네의 아빠뿐이었어요. 전쟁이 끝난 뒤 강제 수용소에서 나온 안네의 아빠는 미프 아주머니를 찾아갔어요.

미프 아주머니는 그사이 소중히 간직해 온 안네의 일기와 소설을 건네주었어요. 안네의 아빠가 안네의 일기를 본 것은 그때가 처음이었지요. 안네의 일기는 일기장을 선물받은 날에서 강제 수용소로 붙잡혀 가기 며칠 전까지 이어졌어요.

안네의 아빠는 일기를 한 장도 빼지 않고 읽었어요. 그러고는 친구들에게도 안네의 일기를 보여 주었지요. 일기를 본 사람들은 모두 내용이 아주 감동적이라며 꼭 책으로 내라고 말했어요.

　1947년 마침내 『안네의 일기』가 책으로 나왔어요. 작가가 되겠다던 안네의 꿈이 이루어진 거예요.
　사람들은 『안네의 일기』를 읽으며 히틀러와 나치스가 저지른 끔찍한 일에 놀라고, 안네의 꿋꿋함과 용기에 감동했어요. 지금도 『안네의 일기』는 전 세계 사람들에게 널리 읽히고 있답니다.

♣ 사진으로 보는 안네 프랑크 이야기 ♣

『안네의 일기』

안네는 자신이 바랐던 것보다 훨씬 더 유명한 사람이 되었어요. 바로 안네가 비밀 별채에 이 년간 숨어 살면서 쓴 『안네의 일기』 덕분이지요.

네덜란드 안네 프랑크 박물관에 전시된 전 세계의 『안네의 일기』예요. 『안네의 일기』는 육십여 개 언어로 번역되어 수천만 부 넘게 팔렸어요.

안네는 일기장에 '키티'라는 이름을 붙이고 전쟁에 대한 두려움, 부모님과의 갈등, 이성 친구에 대한 고민 등을 생생하게 썼어요. 특히 안네는 참혹한 전쟁을 겪으면서도 평화에 대한 바람을 일기에 남겨 많은 사람에게 감동을 주었지요.

전쟁이 끝난 뒤, 안네의 아빠 오토 프랑크는 세계를 여행하며 사람들에게 안네가 믿고 꿈꾸었던 자유와 희망에 대한 이야기를 들려주었어요.

박물관이 된 비밀 별채

제2차 세계 대전 때, 독일과 네덜란드의 많은 유대인이 안네 가족처럼 나치스를 피해 숨어 살았어요. 자기 집 마룻바닥 밑이나 벽 뒤에 숨어 산 거예요. 그리고 그중 많은 사람이 누군가의 신고로 나치스에 붙잡혀 수용소로 보내졌어요.

안네가 숨어 살았던 비밀 별채는 이제 박물관이 되었어요. 네덜란드 암스테르담 중심가에서 약간 떨어진 곳에 있지요. 지금도 수많

'안네 프랑크의 집' 안에는 위 사진에서처럼 움직이는 책장이 있어요. 이 뒤에 바로 비밀 별채로 통하는 비밀의 문이 있지요.

은 관광객이 '안네 프랑크의 집'이라는 이름이 붙은 이 박물관을 찾는답니다.

사진에 노랗게 표시된 부분이 안네가 숨어 살았던 비밀 별채이자, 지금은 박물관이 된 '안네 프랑크의 집'이에요.

히틀러와 유대인

1939년 제2차 세계 대전이 일어나자, 히틀러는 유대인을 더욱 못살게 괴롭혔어요. 유대인은 더 이상 학교에 다닐 수 없었고, 사업을 하거나 직업을 가질 수도 없었어요. 공원이나 도서관, 박물관에도 갈 수 없었고 전화를 쓸 수도 없었어요. 또 여섯 살 이상의 유대인은 모두 '다윗의 별'이라는 노란 배지를 달아야 했지요.

이게 끝이 아니에요. 히틀러는 훨씬 더 끔찍한 계획을 갖고 있었어요. 그것은 유대인을 모두 죽이려는 계획이었지요. 히틀러와 나치스는 유대인들을 가스실에 넣고 독가스를 마시게 했어요. 음식을 거의 주지 않고 힘든 일을 시켜서 굶주림과 병으로 죽는 사람도 많았어요. 이런 식으로 1938년부터 1945년까지 수백만 명의 유대인들이 히틀러와 나치스에게 죽음을 당했지요.

수용소에 갇힌 유대인들의 모습이에요. 히틀러의 유대인 대학살을 '홀로코스트'라고 해요. 영국의 수상 처칠은 홀로코스트에 대해 "세계 역사상 가장 끔찍한 범죄 행위"라고 말했어요.

아우슈비츠 강제 수용소

히틀러는 유럽에 사는 유대인들을 모두 없애기 위해 여러 곳에 강제 수용소를 만들었어요. 그중에서도 폴란드 남부 오시비엥침에 있는 아우슈비츠 강제 수용소는 나치스가 세운 수용소 중 가장 큰 곳이었지요.

　유럽 각지에서 유대인들이 화물차에 실려 아우슈비츠 강제 수용소로 끌려왔어요. 그중 젊고 능력 있는 남자와 여자들은 강제 노동을 하게 됐고, 나이 든 사람과 어린아이들과 아이들의 어머니는 죽음을 당했어요. 강제 노동자들 중에도 심한 노동과 굶주림, 병으로 건강이 나빠진 사람들은 모두 죽음을 당했지요.

　아우슈비츠 강제 수용소는 1945년 독일이 전쟁에서 패한 후에야 문을 닫았어요.

　지금 이곳은 박물관과 전시관으로 꾸며져 있어요. 박물관은 1979년에 유네스코 세계 문화 유산으로 지정됐지요. 잔혹한 역사

폴란드에 위치한 아우슈비츠 강제 수용소에요. 제2차 세계 대전 동안 이곳에서 수백만 명이 죽었어요. 그들 대부분이 유대인이었지요.

를 기억하고, 다시는 되풀이하지 않겠다는 의지를 보여 주려는 뜻으로 세계 문화 유산에 오른 거랍니다.

아우슈비츠 강제 수용소의 시체 소각로예요. 이곳에서 수많은 시체들이 불태워졌어요.

함께 보면 쏙쏙 이해되는 역사

◆ 1929년
독일 프랑크푸르트에서
태어남.

◆ 1933년
히틀러와 나치스를 피해
네덜란드로 이사함.

1925

1930

● 1933년
히틀러와 나치스가
독일에서 권력을 잡음.

◆ 1945년
베르겐·벨젠 수용소에서
장티푸스로 죽음.

◆ 1947년
네덜란드에서
『안네의 일기』가 출간됨.

1945

● 1945년
5월에 독일이 항복을
선언함.
제2차 세계 대전이 끝남.

◆ 안네 프랑크의 생애
● 제2차 세계 대전의 경과

◆ 1942년
가족과 함께 비밀 별채로 숨음.

◆ 1944년
비밀 별채가 발각되어 아우슈비츠 강제 수용소에 보내짐.

1935   **1940**

● 1939년
독일이 폴란드를 침략하면서 제2차 세계 대전이 시작됨.

● 1941년
독일이 네덜란드를 점령함.

추천사

「새싹 인물전」을 펴내면서

요즈음 아이들에게 '훌륭한 사람'이 누구냐고 물으면 '돈 많이 버는 사람'이라고 대답한다고 합니다. 초등학생의 태반은 가수나 배우가 되고 싶어 하고요. 돈 많이 버는 사람이나 연예인이라는 직업이 나쁘다는 것이 아니라, 아이들이 각자가 갖고 있는 재능과는 상관없이 모두 똑같은 꿈을 갖는 것 같아 걱정입니다. 또 한편으로는 아이들이 진정 마음으로 닮고 싶은 사람에 대한 정보가 부족한 것은 아닌가 하는 생각도 듭니다.

어릴수록 위인 이야기의 힘은 큽니다. 아직 어리고 조그마한 아이들은 자신이 보잘것없다고 생각하고 위인들의 성공에 감탄합니다. 하지만 그네들에게는 끝없이 열린 미래가 있습니다. 신화처럼 빛나는 위인들의 모습은 아이들에게 훌륭한 역할 모델이 되고, 그런 삶을 살기 위해 무엇을 어떻게 해야 할지를 알려 주는 밝은 등대가 됩니다.

그렇다면 우리가 어른으로서 아이들에게 권해야 할 위인전은 무엇일까요? 보통 우리가 생각하는 '위인'은 훌륭한 업적을 남긴

위대한 사람, 멋지고 능력 있는 사람입니다. 하지만 시대가 변했으니 아이들이 역할 모델로 삼을 수 있는 위인의 정의나 기준도 변해야 할 것입니다.

그런 의미에서 비룡소의 「새싹 인물전」은 종래의 위인전과는 다른 점이 많습니다. 시리즈 이름이 '위인전'이 아닌 '인물전'이라는 데 주목하기 바랍니다. 「새싹 인물전」은 하늘에서 빛나는 위인을 옆자리 짝꿍의 위치로 내려놓습니다. 만화 같은 친근한 일러스트는 자칫 생소할 수 있는 옛사람들의 이야기를 일상에서 만날 수 있는 재미있는 사건처럼 보여 줍니다.

또 하나, 「새싹 인물전」에는 위인전에 단골로 등장하는 태몽이나 어린 시절의 비범한 에피소드, 위인 예정설 같은 과장이 없습니다. 사실 이런 이야기들은 현대를 사는 아이들에게는 황당하고 이해하기 힘든 일일 뿐입니다. 그보다는 천 리 길도 한 걸음부터, 큰 성공도 자잘한 일상의 인내와 성실함이 없었다면 이루어질 수 없었다는 것을 알려 주는 것이 중요합니다. 세상 사람들의 우러름을 받는 이들도 여느 아이들과 같은 시절을 겪었음을 보여 줌으로써, 아이들에게 괜한 열등감을 주지 않고 그네들의 모습을 마음속에 담을 수 있도록 해 주는 것입니다.

덧붙여 위인전이란 그 인물이 얼마나 훌륭한 업적을 남겼는가 보여 주는 것도 중요하지만, 얼마나 참된 인간다움을 보였는가를 알려 줄 필요도 있습니다. 여기서 '인간다움'이란 기본적인 선함과 이해심, 남을 위해 봉사할 수 있는 사랑과 배려, 그리고 한 가지 목표를 설정하고 앞으로 나아갈 수 있는 의지와 용기를 말합니다. 성취라는 결과보다는 성취하기 위한 과정을 보여 주고, 사회적인 성공보다는 한 인간으로서 얼마나 자기 자신에게 철저하고 진실했는지를 보여 주는 것이 중요하다는 것입니다.

하지만 아무리 좋은 가르침도 사랑과 따뜻함이 없으면 억누름과 상처가 될 뿐이겠지요. 「새싹 인물전」은 나의 노력과 의지에 따라 얼마든지 의미 있는 삶을 살 수 있음을 알려 줍니다. 내가 알고 있는 삶 외에도 또 다른 삶이 존재할 수 있다는 것, 꿈을 키우고 이루어 가는 과정에서 배우고 경험하게 되는 것들의 가치, 그런 따뜻함을 담고 있는 위인전입니다. 부디 이 책이 삶의 첫발을 내딛는 아이들에게 좋은 길잡이가 되었으면 하는 바람입니다.

기획 위원
박이문(전 연세대 교수, 철학)
장영희(전 서강대 교수, 영문학)
안광복(중동고 철학 교사, 철학 박사)

● 사진 제공
  48~53쪽_ 토픽 포토 에이전시.

글쓴이 **해리엇 캐스터**

1970년 영국 케임브리지에서 태어났다. 열두 살 때 첫 책 『뚱뚱한 고양이 Fat Puss』를 썼다. 케임브리지 대학교에서 역사를 공부했고, 펭귄 출판사에서 편집자로 일했다. 지은 책으로 『클레오파트라』, 『헬렌 켈러』 등이 있다.

그린이 **헬레나 오웬**

어린이 책 일러스트레이터로 그림책, 논픽션 등 다양한 책에 그림을 그렸다. 그린 책으로 『루이 브라유』, 『꼬마 분홍 발레리나 Little Pink Ballerina』 등이 있다.

옮긴이 **유시주**

서울 대학교 국어 교육과를 졸업하고 작가 및 번역가로 활동하고 있다. 지은 책으로 『거꾸로 읽는 그리스 로마 신화』, 『우리는 더 많은 민주주의를 원한다』(공저)가 있으며, 옮긴 책으로 『오늘도 나무에 오릅니다』, 『알렉산드리아 도서관』, 『안녕하세요, 그린피스』 등이 있다.

새싹 인물전 002   **안네 프랑크**

1판 1쇄 펴냄 2008년 7월 10일   1판 15쇄 펴냄 2020년 5월 22일
2판 1쇄 펴냄 2021년 5월 28일   2판 3쇄 펴냄 2024년 1월 18일

글쓴이 해리엇 캐스터   그린이 헬레나 오웬   옮긴이 유시주
펴낸이 박상희   편집장 전지선   편집 김솔미   디자인 박연미, 시다현
펴낸곳 **(주)비룡소**   출판등록 1994.3.17. (제16-849호)
주소 06027 서울시 강남구 도산대로1길 62 강남출판문화센터 4층
전화 02)515-2000   팩스 02)515-2007   홈페이지 www.bir.co.kr
제품명 어린이용 각양장 도서   제조자명 **(주)비룡소**   제조국명 대한민국   사용연령 3세 이상

ISBN 978-89-491-2882-5 74990
ISBN 978-89-491-2880-1 (세트)

「새싹 인물전」 시리즈

- 001 **최무선** 김종렬 글 이경석 그림
- 002 **안네 프랑크** 해리엇 캐스터 글 헬레나 오웬 그림
- 003 **나운규** 남찬숙 글 유승하 그림
- 004 **마리 퀴리** 캐런 월리스 글 닉 워드 그림
- 005 **유일한** 임사라 글 김홍모·임소희 그림
- 006 **윈스턴 처칠** 해리엇 캐스터 글 린 윌리 그림
- 007 **김홍도** 유타루 글 김홍모 그림
- 008 **토머스 에디슨** 캐런 월리스 글 피터 켄트 그림
- 009 **강감찬** 한정기 글 이홍기 그림
- 010 **마하트마 간디** 에마 피시엘 글 리처드 모건 그림
- 011 **세종 대왕** 김선희 글 한지선 그림
- 012 **클레오파트라** 해리엇 캐스터 글 리처드 모건 그림
- 013 **김구** 김종렬 글 이경석 그림
- 014 **헨리 포드** 피터 켄트 글·그림
- 015 **장보고** 이옥수 글 원혜진 그림
- 016 **모차르트** 해리엇 캐스터 글 피터 켄트 그림
- 017 **선덕 여왕** 남찬숙 글 한지선 그림
- 018 **헬렌 켈러** 해리엇 캐스터 글 닉 워드 그림
- 019 **김정호** 김선희 글 서영아 그림
- 020 **로버트 스콧** 에마 피시엘 글 데이브 맥타가트 그림
- 021 **방정환** 유타루 글 이경석 그림
- 022 **나이팅게일** 에마 피시엘 글 피터 켄트 그림
- 023 **신사임당** 이옥수 글 변영미 그림
- 024 **안데르센** 에마 피시엘 글 닉 워드 그림
- 025 **김만덕** 공지희 글 장차현실 그림
- 026 **셰익스피어** 에마 피시엘 글 마틴 렘프리 그림
- 027 **안중근** 남찬숙 글 곽성화 그림
- 028 **카이사르** 에마 피시엘 글 레슬리 뷔시커 그림
- 029 **백남준** 공지희 글 김수박 그림
- 030 **파스퇴르** 캐런 월리스 글 레슬리 뷔시커 그림
- 031 **유관순** 유은실 글 곽성화 그림
- 032 **알렉산더 벨** 에마 피시엘 글 레슬리 뷔시커 그림
- 033 **윤봉길** 김선희 글 김홍모·임소희 그림
- 034 **루이 브라유** 테사 포터 글 헬레나 오웬 그림
- 035 **정약용** 김은미 글 홍선주 그림
- 036 **제임스 와트** 니컬라 백스터 글 마틴 렘프리 그림
- 037 **장영실** 유타루 글 이경석 그림
- 038 **마틴 루서 킹** 베르나 윌킨스 글 린 윌리 그림
- 039 **허준** 유타루 글 이홍기 그림
- 040 **라이트 형제** 김종렬 글 안희건 그림
- 041 **박에스더** 이은정 글 곽성화 그림
- 042 **주몽** 김종렬 글 김홍모 그림
- 043 **광개토 대왕** 김종렬 글 탁영호 그림
- 044 **박지원** 김종광 글 백보현 그림
- 045 **허난설헌** 김은미 글 유승하 그림
- 046 **링컨** 이명랑 글 오승민 그림
- 047 **정주영** 남경완 글 임소희 그림
- 048 **이호왕** 이영서 글 김홍모 그림
- 049 **어밀리아 에어하트** 조경숙 글 원혜진 그림
- 050 **최은희** 김혜연 글 한지선 그림
- 051 **주시경** 이은정 글 김혜리 그림
- 052 **이태영** 공지희 글 민은정 그림
- 053 **이순신** 김종렬 글 백보현 그림
- 054 **오드리 헵번** 이은정 글 정진희 그림
- 055 **제인 구달** 유은실 글 서영아 그림
- 056 **가브리엘 샤넬** 김선희 글 민은정 그림
- 057 **장 앙리 파브르** 유타루 글 하민석 그림
- 058 **정조 대왕** 김종렬 글 민은정 그림
- 059 **나폴레옹 보나파르트** 남찬숙 글 남궁선하 그림
- 060 **이종욱** 이은정 글 우지현 그림

061 **박완서** 유은실 글 이윤희 그림
062 **장기려** 유타루 글 정문주 그림
063 **김대건** 전현정 글 홍선주 그림
064 **권기옥** 강정연 글 오영은 그림
065 **왕가리 마타이** 남찬숙 글 윤정미 그림
066 **전형필** 김혜연 글 한지선 그림
067 **이중섭** 김유 글 김홍모 그림
068 **그레이스 호퍼** 박주혜 글 이해정 그림

* 계속 출간됩니다.

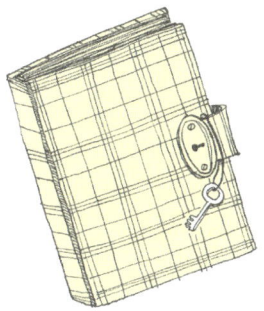